Les indigènes de la forêt tropicale

Anna Lewington - Jean-François Viseur

Version française révisée par Marcel Fortin

Éditions Gamma - Les Éditions École Active

Titres de la collection

Les Inuits
Les Bédouins
Les aborigènes australiens
Les Maoris
Les indigènes de la forêt tropicale
Les Amérindiens
Les Kurdes
Les Tibétains
Les Saamis de Laponie
Les Bochimans du Kalahari

L'édition originale de cet ouvrage
a paru sous le titre : *Rainforest Amerindians*

61 Western Road, Hove
East Sussex BN3 1JD, England

Adaptation française
de Jean-François Viseur

D/1996/0195/7
ISBN 2-7130-1787-4
(édition originale :
ISBN 0-7502-0439-7)

Exclusivité au Canada :
Les Éditions École Active
2244, rue de Rouen
Montréal (Québec) H2K 1L5
Dépots légaux : 1er trimestre 1996
Bibliothèque nationale du Québec
Bibliothèque nationale du Canada
ISBN 2-89069-452-6

Loi n° 49-956 du 16 juillet 1949 sur les publications
destinées à la jeunesse

Imprimé et relié à Lego en Italie

La carte de la page 5 a été réalisée par Peter Bull.

Origine des photographies :
Sue Cunningham : pages 7-9, 11, 15, 17, 18, 20, 21, 23-25, 30-32, 34, 35, 37-39 et 42 ; The Gaia Foundation : page 43 ; Edward Parker : pages 4, 10, 12-14, 16, 19, 25, 27-29, 33, 36, 40, 41 (les deux) et 45 ; Darrell Posey : page 22 ; Survival International : pages 6 et 44.

Sommaire

1 Introduction

La forêt amazonienne abrite de nombreuses peuplades. Les ancêtres des Amérindiens se sont établis en Amazonie il y a des milliers d'années. Aujourd'hui, près d'un million d'indigènes y vivent encore sur un territoire chevauchant le Brésil, le Pérou, l'Équateur, la Colombie, la Bolivie, le Venezuela, la Guyane française, le Guyana et le Surinam.

Lorsque les Européens atteignirent l'Amérique du Sud il y a quelque 500 ans, il devait y avoir entre 12 et 15 millions d'Amérindiens dans le bassin amazonien. Cette vaste région, modelée par le puissant fleuve Amazone et ses affluents, couvre 6 000 000 km^2. Elle se compose d'immenses zones de forêts tropicales et de prairies ouvertes.

▲ *La forêt tropicale amazonienne abrite plus de 500 peuplades différentes.*

TERRITOIRES INDIGÈNES

◀ *Cette carte montre l'emplacement des territoires amérindiens mentionnés dans cet ouvrage.*

1. **Aguarunas**
2. **Amueshas**
3. **Araras**
4. **Arawetes**
5. **Ashaninkas**
6. **Asurinis**
7. **Chimanes**
8. **Cintas Largas**
9. **Cofans**
10. **Cuivas**
11. **Gavioes**
12. **Guajas**
13. **Huambisas**
14. **Jurunas**
15. **Kaingangs**
16. **Kararaos-Kayapos**
17. **Kayapos**
18. **Krenaks**
19. **Macuxis**
20. **Matsigenkas**
21. **Mehinakus**
22. **Nahuas**
23. **Nambikwaras**
24. **Panares**
25. **Parakanas**
26. **Pankarurus**
27. **Piaroas**
28. **Quechuas**
29. **Secoyas**
30. **Shipibos**
31. **Shuars**
32. **Sionas**
33. **Suruis**
34. **Ticunas**
35. **Tukanos**
36. **Uru Eu Wau Wau**
37. **Waimiris-Atroaris**
38. **Waoranis**
39. **Witotos**
40. **Xavantes**
41. **Xicrin-Kayapos**
42. **Yaguas**
43. **Yanomanis**
44. **Yukis**

Pour la plupart des étrangers, la forêt tropicale amazonienne est un endroit exotique, rempli de plantes et d'animaux étranges et merveilleux. Cependant, les arbres qui la composent sont bien plus que cela. Ils jouent un rôle essentiel dans notre vie : ils recyclent l'oxygène vital et aident à régler le climat mondial. Ainsi, les courants aériens venant de l'Amazone maintiennent la chaleur dans l'hémisphère nord.

◄ *La peinture rouge sur le visage de ce Kayapo est fabriquée à partir de graines d'*annatto.

Les Européens, en nombre croissant en Amazonie, tentèrent de conquérir, utiliser ou transformer la forêt et ses habitants. Ils apportèrent des maladies telles que la malaria, la rougeole, la varicelle et le rhume contre lesquelles les indigènes n'avaient aucune résistance. Ces maladies tuèrent des milliers d'entre eux, tandis que de nombreux autres étaient assassinés. C'est pour ces raisons qu'il reste si peu d'Amérindiens aujourd'hui.

Ces vingt dernières années, les gouvernements de la plupart des pays amazoniens ont encouragé de plus en plus de gens à s'établir dans la forêt. Ces personnes ont détruit de vastes portions de forêt et se sont souvent heurtées à des groupes d'autochtones à qui ces terres appartenaient.

D'autres colons – tels les caboclos, les descendants d'un mariage entre colons et Amérindiens, ainsi que les récolteurs de latex, qui vivent dans la forêt depuis plusieurs générations – n'ont pas détruit les arbres. Les indigènes leur ont appris à utiliser la forêt sans lui nuire.

Depuis des milliers d'années, la forêt tropicale fournit aux indigènes tout ce dont ils ont besoin, et ils voient en elle une mère qui leur procure nourriture et connaissances, et qui est à l'origine de leur vision du monde. Les indigènes ont le sentiment d'appartenir à la forêt, car ils en ont pris soin et ont fait d'elle ce qu'elle est. Pour eux, la vie n'aurait plus de sens sans la forêt.

Aujourd'hui, les indigènes doivent lutter pour mettre fin à la destruction de la forêt amazonienne par les autres peuples.

2 Les peuplades de la forêt amazonienne

Aujourd'hui, la forêt amazonienne abrite au moins 500 nations amérindiennes. Ces sociétés sont toutes différentes. Les indigènes vivent en groupes de diverses importances. Tantôt le groupe ne comporte que quelques familles proches les unes des autres, tantôt plusieurs familles s'assemblent pour former des communautés de plusieurs milliers d'individus dispersés sur de grandes étendues.

En général, les noms utilisés par ces peuplades pour se désigner, comme Waorani ou Matsigenka, signifient «nous» ou «le peuple qui vit à tel endroit»; les noms donnés à leurs territoires signifient souvent «notre terre».

◄ *Ce Mehinaku est membre d'une des seize peuplades vivant dans le Parc national Xingu. Derrière lui se dresse l'immense habitation communautaire de la tribu.*

▲ *Village kayapo traditionnel entouré par la forêt et les jardins.*

Les peuples de la forêt tropicale, comme les Kayapos, se distinguent par des langues, des croyances et des traditions différentes.

Les Kayapos

Le peuple kayapo vit dans l'Est du Brésil. Il compte environ 3 500 individus répartis en plusieurs sous-groupes. Il y a 14 villages principaux, certains localisés au nord du rio Xingu, d'autres au sud. Le plus grand village, Gorotire, compte plus de 720 habitants.

Dans les villages des Kayapos traditionnels, les maisons en bois au toit recouvert de palmes sont disposées en cercle. Au centre s'élèvent une ou plusieurs grandes maisons. Si les hommes, les femmes et les enfants occupent les maisons du cercle, seuls les hommes peuvent utiliser la maison centrale: elle représente pour eux un endroit où se réunir, parler de l'avenir ou prendre des décisions politiques qui affecteront le village.

Les familles des villages se partagent la forêt et la savane qui leur appartiennent par tradition. Les Kayapos chassent les animaux sauvages et de nombreuses espèces d'oiseaux. Ils gardent aussi des animaux domestiques et attrapent poissons et crustacés dans les cours d'eau. Néanmoins, ils veillent à ne jamais prendre trop d'oiseaux, de poissons ni d'autres espèces. Ils savent qu'alors les futures générations auraient moins de nourriture dans l'avenir.

Vivre en harmonie avec la nature

Les Kayapos connaissent précisément tout ce qui compose leur milieu. La forêt et la savane des Kayapos contiennent d'innombrables variétés de plantes. Un hectare de forêt peut receler jusqu'à cent essences d'arbres. Sans l'apport des Amérindiens, la forêt ne serait pas devenue aussi complexe et variée. Depuis des milliers d'années, les Amérindiens ont sélectionné et planté des arbres et des arbustes utiles. Ainsi, la forêt entière forme un immense jardin sauvage.

Les Kayapos savent utiliser au moins 90 % des plantes poussant autour de leurs villages. Ces plantes servent d'aliments, de médicaments, de matériaux de construction, de vêtements ou d'éléments de décoration.

Un jardin tropical

Les Kayapos plantent des arbres fruitiers et des légumes au long des sentiers qu'ils empruntent. Chaque année, ils transforment des clairières en jardins. Certains groupes parsèment la savane d'«îlots» d'arbres et de plantes utiles afin d'avoir des réserves de nourriture et de médicaments, et un endroit où se reposer lors de leurs déplacements.

Les Kayapos cultivent de nombreuses variétés de manioc, de maïs, de patates douces, d'ananas, de piments, de haricots et d'ignames. Bien que les sols soient souvent très pauvres, les Kayapos – surtout les femmes devenues expertes en la matière – ont appris à bien gérer la forêt. Elles cultivent des jardins dans différentes zones de forêt et de savane de manière organisée, améliorant en même temps la qualité du sol. Elles connaissent les éléments qui favoriseront la croissance des plantes et préparent des engrais spéciaux à base de feuilles végétales, de cendres et de termitières. Elles associent des plantes qui forment des groupes nommés «amis qui poussent ensemble». Certaines plantes

La couleur dans la forêt tropicale

Les Kayapos, comme la plupart des Amérindiens, recourent aux peintures corporelles et faciales pour indiquer des choses importantes les concernant. Les formes et combinaisons de couleurs utilisées reflètent le sexe et le statut d'une personne (enfant, chasseur expérimenté ou veuve) et sont portées spécialement lors de rituels et de cérémonies.

Les différents peuples ont imaginé des formes et dessins distinctifs, mais la plupart ont adopté le rouge et le noir. Ces couleurs sont fabriquées avec des plantes. Le jus tiré des fruits verts de l'imposant *geninapo (Genipa americana)* donne une couleur bleue très foncée. Le rouge-orange est souvent réalisé à partir de l'écorce cireuse externe de graines telles que celles de l'*annatto (Bixa orellana).*

protégeront les autres non seulement en les abritant du soleil et des pluies torrentielles, mais aussi en empêchant les attaques d'insectes ou l'étouffement par les mauvaises herbes.

Les Kayapos plantent souvent certaines espèces de bananiers autour de leurs cultures: les guêpes qui y nichent attaquent les fourmis tentant de dévorer les récoltes. Les Kayapos sélectionnent aussi des plantes pour leur goût agréable ou pour leurs propriétés importantes, comme la résistance aux maladies, par exemple. De génération en génération, chaque famille a la responsabilité de la culture et de l'amélioration d'une plante utile.

Après trois ou quatre ans, les «jardins» sont abandonnés à la nature, bien que les Kayapos continuent de récolter les fruits et les plantes médicinales. Comme d'autres tribus amérindiennes traditionnelles, les Kayapos ont un excellent régime alimentaire. Durant l'année, ils peuvent choisir entre près de 250 fruits différents et quelques centaines de légumes, de noix et de feuilles. Friands de miel, ils ont domestiqué neuf espèces de mélipones (abeilles). Leurs médicaments sont réalisés à partir des quelque 650 plantes médicinales qui leur sont familières.

Une société en partage

Partage et échange sont des actions de base pour les Amérindiens. Le respect des espèces

▲ *Les Amérindiens ont contribué à la diversification des espèces de la forêt en plantant de nombreuses essences d'arbres.*

▲ *Bien que les villages kayapos soient dirigés par un chef, celui-ci guide les habitants par la discussion plutôt qu'en leur donnant des ordres. Ici, le chef Raoni discute avec d'autres anciens.*

vivantes est l'un des fondements de leur mode de vie et est marqué par des cérémonies et des fêtes spéciales.

Chaque village a un chef qui guide les autres par la discussion et la persuasion. Lorsqu'un individu se marie, il choisit quelqu'un d'une famille ou d'un village différent, ce qui unit non seulement le couple mais les différents groupes. Ces groupes se rassemblent pour des fêtes et échangent des biens. D'importantes alliances sont ainsi réalisées.

La protection du territoire

Lorsqu'un problème surgit, une alliance est vitale et permet aux indigènes de s'assembler pour trouver des solutions. Le plus grand problème des Kayapos naît de la protection des terres. Les colons venant d'autres régions du Brésil ont pénétré illégalement le territoire et détruit de vastes zones d'arbres. Éleveurs et fermiers aimeraient s'attribuer les prairies des Kayapos, ce qui provoquerait la destruction de bon nombre des animaux et des plantes vitales pour ce peuple. Les projets de barrage hydroélectrique sur le rio Xingu menacent d'inonder les terres des Kayapos. Selon le chef kayapo Paulinho Paiakan :

«Nous luttons pour défendre la forêt parce qu'elle est l'essence de notre vie et fait battre nos cœurs.»

3 Les territoires des indigènes

Les territoires amérindiens chevauchent neuf pays. Vue des airs, la forêt amazonienne ressemble à un tapis infini de cimes d'arbres aux diverses nuances de vert. Près de mille affluents de l'Amazone creusent leur lit dans cet immense tapis végétal.

La majeure partie du territoire s'élève à moins de 300 m au-dessus du niveau de la mer, mais est parsemée de collines et de basses chaînes montagneuses. Des prairies s'étalent à chaque extrémité. À la limite septentrionale de la forêt, sur la frontière entre le Guyana et le Venezuela, d'extraordinaires formations rocheuses, les *tepuis,* se dressent à près de 3 000 m. À l'ouest de l'Amazone, au Pérou et en Équateur, la forêt couvre les contreforts de la cordillère des Andes.

La forêt tropicale renferme de nombreux milieux différents. La hauteur du territoire, la nature du sol, les précipitations et le débit des cours d'eau ont tous influencé les espèces de plantes et d'animaux qui composent la forêt. Néanmoins, en cultivant leurs jardins dans toute l'Amazonie et en plantant des espèces utiles telles que la berthollétie (qui donne les noix du Brésil), les indigènes ont aussi contribué à la diversité actuelle de la forêt.

Les Amérindiens furent les premiers à vivre dans la forêt amazonienne. Ils ont donc le droit de continuer à occuper ce territoire. Pourtant, les gouvernements des neuf pays amazoniens n'acceptent de reconnaître officiellement qu'environ 10 % des territoires appartenant réellement aux Amérindiens. Cela se vérifie surtout au Brésil, dont les frontières renferment près de 75 % de la forêt amazonienne.

◀ *Bien que, vue du ciel, la couverture forestière semble uniforme, la forêt tropicale amazonienne est très variée. Seuls les indigènes connaissent les noms de la plupart des arbres et les habitudes des animaux qui vivent dans ce milieu.*

Ce pays est le seul dont le gouvernement refuse d'octroyer des titres de propriété aux Amérindiens, même si d'autres pays remettent en question les zones constituant leurs territoires. La plupart des gouvernements encouragent les habitants d'autres régions à coloniser ces territoires. Cela se produit même lorsque ces derniers ont été délimités et déclarés réserves. Aujourd'hui, un ensemble d'activités diverses affectent gravement les territoires amérindiens et détruisent peu à peu la culture et le mode de vie de ces gens.

Les routes

La construction de routes traversant la forêt amazonienne a eu un effet dramatique sur de nombreux groupes indigènes. Les routes ont permis à des milliers de personnes venues d'autres régions d'envahir la forêt et de s'installer sur des terres amérindiennes. Les colons brûlent la forêt, font fuir les animaux et amènent des maladies contagieuses telles que la rougeole, la fièvre jaune et la typhoïde.

Les routes traversent souvent les territoires amérindiens. Ainsi, le territoire des Waimiris-Atroaris du Brésil fut coupé par la route Manaus-Caracas. Cette population chuta alors de quelque 3 000 individus à 350. Lorsque l'autoroute transamazonienne fut construite au travers du Brésil, dans les années 70, elle eut un effet similaire sur de nombreux groupes. Dans l'État brésilien de Rondônia, la construction de la route BR364 a un effet dévastateur sur 8 000 indigènes appartenant à 40 groupes différents. Plus d'un demi-million de colons sont venus s'établir. Un des peuples

▲ *Les routes sont à l'origine de très graves problèmes pour les indigènes. Cette nouvelle route permettra aux colons d'envahir les territoires amérindiens de l'Équateur.*

▲ *La destruction de la forêt tropicale pour l'élevage du bétail a affecté les groupes amérindiens tels que les Ashaninkas au Pérou, les Cuivas en Colombie, les Piaroas au Venezuela et les Xavantes au Brésil.*

les plus touchés est celui des Nambikwaras de la vallée du Guaporé.

Élevage et spéculation agraire

Ces dix dernières années, ces deux activités ont été à la base de la déforestation. Estimant que la forêt n'avait aucune valeur et que ses habitants pouvaient en être expulsés, les gouvernements ont encouragé les hommes d'affaires et les grandes compagnies à brûler de vastes étendues de forêt pour montrer qu'ils «possédaient» la terre. Celle-ci pouvait alors être revendue avec un profit considérable. Bien que la majeure partie de l'Amazonie ne convienne pas pour l'élevage, du bétail fut amené pour marquer la possession des terres et empêcher les Amérindiens de les utiliser.

L'abattage du bois

La majeure partie du bois tropical précieux utilisé pour les meubles de nos maisons provient des forêts des territoires amérindiens. L'acajou est coupé illégalement dans la forêt appartenant aux Uru Eu Wau Wau, dans l'État de Rondônia. En Bolivie, de larges étendues de la forêt des Chimanes sont détruites. Au Brésil, la forêt des Cintas Largas a diminué tellement que ces indigènes ont dû accepter la nourriture des compagnies d'abattage.

L'agriculture

En plus de l'élevage, les colons et les grandes compagnies ont été encouragés à s'emparer d'autres terres amérindiennes pour les cultiver sur une petite ou une grande échelle.

D'énormes problèmes ont donc surgi pour les peuples concernés, ainsi que pour les colons qui ont découvert qu'ils ne pouvaient faire croître les cultures qu'ils connaissaient sur le sol de la forêt déboisée. Au Pérou, les colons se sont emparés de vastes étendues du territoire des Matsigenkas pour cultiver du café.

Les barrages

Il existe des projets de barrages hydroélectriques sur bien des affluents de l'Amazone. Plusieurs grands barrages ont déjà été érigés et vingt-cinq autres sont en construction. Les barrages existants – tel le Tucuruí, le plus grand barrage du Brésil – ont eu un effet désastreux pour le milieu et les indigènes. L'immersion d'immenses étendues de terres a noyé des milliers d'animaux, et la végétation en décomposition a dégagé de l'acide sulfhydrique et du méthane. Dans le cas des Waimiris-Atroaris, une grande partie des terres de chasse et de pêche ont été noyées par le barrage de Balbina, au nord de Manaus.

Les territoires amérindiens et l'économie mondiale

Les terres des Amérindiens sont vitales pour leur mode de vie. L'identité des indigènes naît de leurs relations avec la terre ainsi que les animaux et les plantes qui y vivent. Pour les peuples de la forêt, la terre n'appartient à personne et l'homme n'est que le gardien de la terre sur laquelle il vit.

Les gouvernements des pays abritant des Amérindiens croient en la propriété privée et tirent profit de la vente de produits tels que minéraux et bois. C'est ce qu'on appelle le capitalisme. Ce mode de pensée contrôle les relations de la majorité des pays du monde, et les décisions des gouvernements, firmes et banques des pays riches tels que les États-Unis, la Grande-Bretagne, le Japon, la France, le Canada et la Belgique affectent l'utilisation des territoires amazoniens.

Ainsi, un accroissement du prix du pétrole favorisera l'apparition d'une exploitation pétrolifère sur le territoire waorani; une chute des prix du diamant repoussera l'ouverture d'une mine dans les forêts des Macuxis. Voilà pourquoi les Amérindiens ont tant de mal à protéger leurs terres, malgré les lois nationales et les accords internationaux censés les défendre.

◀ *Le barrage Itaipu sur le rio Paraná. En plus d'immerger des terres, les barrages créent des lacs servant d'asile aux moustiques qui transmettent la malaria. Les Parakanas ont été gravement touchés par cette maladie.*

Le pétrole

Deux types de production menacent les Amérindiens, surtout en Équateur. Les activités de plusieurs compagnies pétrolières bien connues y ont obligé les communautés de Waoranis, de Quechuas, de Sionas et de Secoyas à quitter leur territoire. Les compagnies pétrolières ont généré une importante pollution et leurs routes ont encouragé l'intrusion de colons sur les terres amérindiennes.

Entre-temps, d'énormes plantations d'éléis africains ont été établies sur les terres amérindiennes de l'Équateur. Cette espèce de palmier est cultivée pour l'huile de ses fruits qui entre dans la composition de nombreux savons, shampoings et margarines. Les terres appartenant aux Secoyas et aux Sionas ont été dévastées par ces plantations.

Les missionnaires

Les missionnaires catholiques et protestants sont très actifs le long de l'Amazone. Sans y être invités, ils se sont établis dans des centaines de communautés amérindiennes. En dévaluant leur culture et en déclarant que leurs croyances traditionnelles sont vouées au diable, ils ont persuadé beaucoup d'indigènes de changer de mode de vie. Les Panares du Venezuela et les Yukis de Bolivie sont deux des groupes qui ont le plus souffert de la présence des missionnaires.

Le tourisme

Bien que les touristes croient aider le pays qu'ils visitent durant leurs vacances, ils font souvent davantage de mal que de bien. Des groupes tels que les Yaguas et les Witotos, au Pérou, ont abandonné leur mode de vie traditionnel pour se déguiser et danser pour les touristes. Ils disent se sentir comme des esclaves ou des animaux et redouter les visites d'étrangers. Ils déclarent ne pas vouloir devenir une attraction pour les curieux.

▲ *Tronçon de l'oléoduc transamazonien en Équateur.*

Les projets militaires

Si le projet *Calha Norte* du gouvernement brésilien se poursuit comme prévu, la vie de plus de 60 000 Amérindiens sur 83 territoires sera modifiée à tout jamais. Cet important programme militaire couvrira 14 % de la région amazonienne du Brésil, y compris les zones frontalières avec la Colombie, le Venezuela, le Guyana, la Guyane française et le Surinam. Certaines des plus grandes terres amérindiennes pourraient être dévastées par les colons et par les projets agricoles et industriels.

Les exploitations minières

Les Amérindiens souffrent surtout de deux types d'activités minières: les projets à grande échelle faisant partie des plans de développement gouvernementaux et les exploitations d'individus isolés.

L'énorme projet de Grande Carajas, dans l'Est du Brésil, est centré sur un vaste gisement de minerai de fer, mais comprend aussi des mines d'étain, d'or, de nickel, de manganèse et de cuivre, ainsi que des projets hydroélectriques et agricoles. Près de 13 000 Amérindiens sont touchés.

De nombreux groupes d'Amérindiens ont vu leurs terres envahies par des prospecteurs, les garimpeiros. Près de 45 000 d'entre eux ont récemment occupé les terres des 9 000 Yanomanis du Nord-Est brésilien. Vous découvrirez en détail les répercussions de cette invasion dans les pages 18 à 21.

Telles sont donc les principales menaces pesant actuellement sur les terres amérindiennes. En essayant de protéger celles-ci, les Amérindiens essaient aussi de préserver leur mode de vie.

La Banque mondiale

La Banque mondiale et le Fonds monétaire international (F.M.I.) ont un pouvoir énorme sur les terres amérindiennes. En effet, ils prêtent aux pays de l'argent, souvent des millions de dollars, utilisé pour les grands projets de développement tels que les barrages. Ces projets sont souvent dévastateurs, mais les banques se moquent bien des droits et des besoins des indigènes.

▲ *Cette mine de fer à ciel ouvert, située à Carajas, était jadis recouverte par la forêt tropicale amazonienne.*

4 Les Yanomanis

▲ *Maison traditionnelle des Yanomanis, ou Yanos.*

Au Brésil, les lois et principes généraux suivis par le gouvernement sont établis par la constitution. Celle du Brésil reconnaît le droit des Amérindiens à leur terre. Néanmoins, le gouvernement a permis l'invasion des terres ou leur vol par d'autres personnes. L'organisation gouvernementale pour les Amérindiens, la FUNAI *(Fundação Nacional do Indio),* qui était dans le passé sous le contrôle des militaires, a continuellement repoussé les limites des terres traditionnelles, refusant de punir ou de chasser les envahisseurs.

La plupart des gens ayant un quelconque pouvoir (tels les hommes politiques, la police, les officiers de l'armée et les éleveurs) sont irrités par la présence des Amérindiens. Ils

L'interdiction de s'installer sur des territoires yanomanis est quotidiennement bafouée par les colons, encouragés par l'armée et les compagnies d'exploitation minière. Près d'un tiers du territoire yanomani, riche en or, diamants et bauxite, est déjà l'objet de demandes de prospection et de droits d'exploitation par des compagnies, dont Anglo-American et BP. *(The Independent,* 26 avril 1988) estiment que les Amérindiens sont des êtres inférieurs et se sentent le droit de prendre leurs territoires. Malgré la constitution, rares sont les membres du gouvernement brésilien qui ont réellement tenté de défendre les droits des Amérindiens. Le cas des Yanomanis en est un bon exemple.

Leur territoire chevauche la frontière entre le Venezuela et le Brésil. Côté brésilien, quelque 9 000 Yanomanis occupent 9,4 millions d'hectares. En 1985, le président du Brésil reconnut officiellement cette région «réserve yanomanie» et un décret fut signé. Néanmoins, rien n'a encore été mis en œuvre pour protéger ce territoire.

En 1988, par un autre décret, le gouvernement brésilien tenta de réduire la dimension de la réserve de près de 3 millions d'hectares, divisés en 19 «îlots» séparés. Anticonstitutionnel, ce décret aurait provoqué un génocide. Soixante-dix pour cent du territoire yanomani n'auraient plus été reconnus et

Les garimpeiros, travaillant de l'aube à la tombée du jour, détruisent les lits et les berges des cours d'eau à l'aide de jets d'eau à haute pression. La boue est pompée sur un tamis primitif qui sépare l'or de la vase. Les tamis ne retiennent que deux tiers de l'or contenu dans la boue. Ainsi, l'année dernière, près d'un demi-milliard de dollars en or a été perdu.

Des vapeurs de mercure s'insinuent également dans le milieu. Dans d'autres régions de l'Amazonie, ce mercure s'est déjà introduit dans la chaîne alimentaire.

Les garimpeiros se déplacent lentement vers l'amont jusqu'à épuisement du gisement. Durant leur travail, ils envasent le cours d'eau, le détruisant. Ils partent alors plus loin à la recherche de dépôts plus prometteurs. *(The Financial Times,* 17 décembre 1988)

▼ *Les territoires amérindiens sont sous la menace de l'invasion de colons tels que ceux-ci, en Équateur.*

◀ *La récente invasion des terres des Yanomanis par les chercheurs d'or a provoqué la destruction des cours d'eau et de la forêt et a favorisé l'éclosion de maladies fatales.*

auraient été ouverts à l'invasion. Les 19 «îlots» auraient été indéfendables. Les Yanomanis tentèrent de tout leur poids de faire annuler la décision, mais, pendant que le gouvernement cherchait à gagner du temps, des milliers de mineurs se répandirent sur les terres des Yanomanis. Ne sachant pas quelles terres appartenaient officiellement aux Yanomanis, les mineurs s'installèrent où bon leur semblait.

En octobre 1989, la cour fédérale décida qu'ils devaient être chassés des terres des Yanomanis, mais aucune action réelle ne fut entamée. En janvier 1990, la police fédérale reçut l'ordre d'expulser les mineurs, mais l'opération fut annulée après 24 heures. Une des raisons principales était que Romero Juca – le tout-puissant gouverneur de Roraima, l'État brésilien dans lequel vivent bon nombre des Yanomanis – les avait au départ encouragés à s'installer sur ces terres. Il voulait que les mineurs, cinq fois plus nombreux que les Yanomanis, votent pour lui lors des élections suivantes.

En 1990, le gouvernement décida que les mineurs pouvaient rester travailler dans trois «zones de prospection» créées sur le territoire yanomani. Bon nombre d'entre eux refusèrent de quitter l'endroit qu'ils occupaient. À ce moment, les Yanomanis souffraient déjà terriblement des nouvelles maladies introduites.

Romero Juca Filho, gouverneur de Roraima et allié notoire des mineurs, a convaincu le ministre des mines que ces derniers, produisant 3 t d'or par mois, devaient rester. M. Juca, candidat à la présidence et ancien dirigeant de la FUNAI, fut à l'origine de la politique de vente de bois et de ressources naturelles par les indigènes afin de payer pour les « services offerts », et est soumis à une enquête judiciaire portant sur ses accords supposés illégaux avec les firmes de vente de bois. (*The Independent,* 1er août 1989)

Le président Collor s'est finalement rangé aux décisions de la cour brésilienne et a abrogé les décrets illégaux du précédent président, M. Sarney, qui scindaient le territoire yanomani en 19 « îlots » et créaient 3 zones d'exploitations minières illégales. Mais... Collor a annoncé qu'il formait une commission destinée à étudier les limites du territoire yanomani. Il leur a donné six mois pour ce faire, visiblement pour tenter de gagner du temps. (*Survival International Urgent Action Bulletin,* mai 1991)

Les cours d'eau avaient été empoisonnés par le mercure, métal utilisé dans l'extraction du minerai d'or. La majeure partie du gibier avait été abattue ou avait fui. Au moins 1 500 Yanomanis étaient déjà morts. Tout cela parce que le gouvernement brésilien avait bafoué les promesses contenues dans sa constitution.

Davi Yanomani, défenseur notoire des droits de son peuple, a envoyé ce message à toutes les personnes concernées par le sort de la forêt tropicale et de ses habitants :

«Le gouvernement nous traite comme des animaux, il ne nous respecte pas. Il prend les terres sur lesquelles nous vivons depuis des générations, bien avant l'arrivée de l'homme blanc. Cette invasion est à l'origine de beaucoup de souffrances ; nos cours d'eau et nos forêts disparaissent. Le gouvernement veut que nous abandonnions nos coutumes et notre langue, et ne veut pas que nous ayons nos propres terres.

J'ai peur que nos enfants et petits-enfants souffrent davantage si nous ne combattons pas pour sauver notre peuple. Je fais tout ce qui est en mon pouvoir pour y arriver. Beaucoup meurent des maladies de l'homme blanc, contre lesquelles nous n'avons aucune résistance.

Le président a promis qu'il chasserait les garimpeiros, mais il n'en a rien fait. Il ne veut pas que notre territoire ait des limites officielles. Beaucoup d'entre nous ont appris à boire la cachaca (alcool à base de sucre de canne), qui est mortelle pour nous. Les mineurs s'installent de manière définitive, construisant des maisons, massacrant notre peuple et agissant comme si les terres étaient les leurs.

Nous aimerions tant que l'homme blanc comprenne pourquoi la sauvegarde de ces collines est si importante pour nous. Nous voulons que l'homme blanc nous aide à défendre nos terres, qu'il travaille à nos côtés pour préserver notre mode de vie.

Moi, Davi Yanomani, je souhaite aider l'homme blanc à apprendre à réaliser avec nous un monde meilleur, pour notre bénéfice mutuel.»

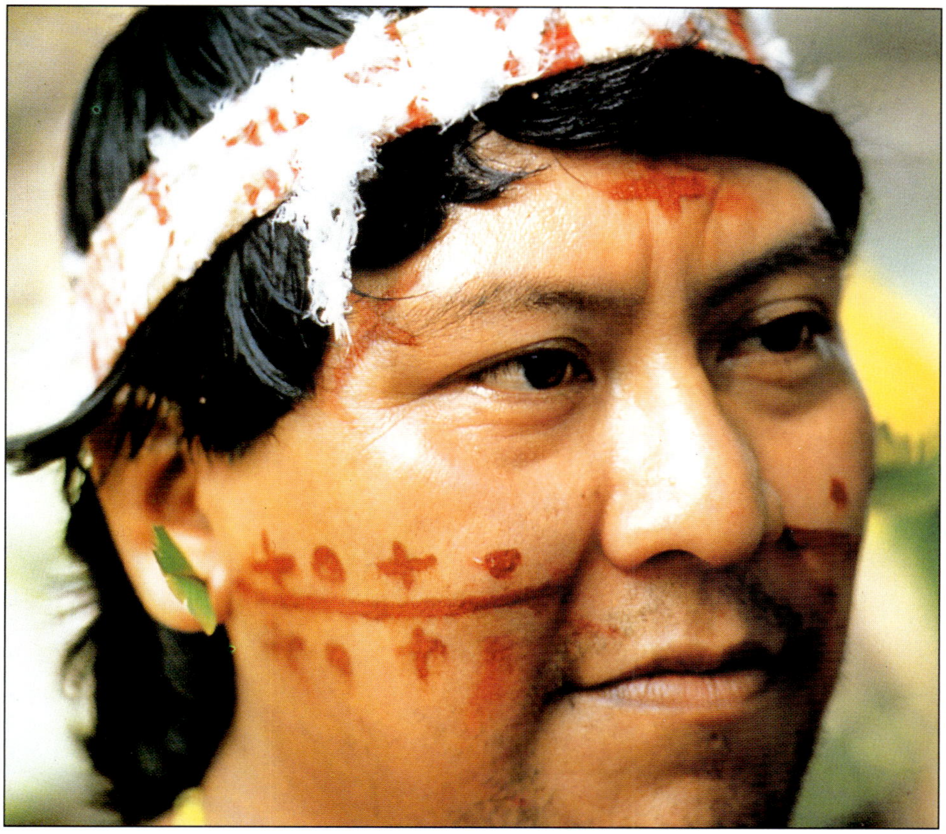

◀ *Davi Yanomani a reçu la reconnaissance internationale pour ses efforts visant à protéger la forêt et ses habitants.*

5 Croyances et valeurs

On pense que les Amérindiens vivent dans la forêt depuis des milliers d'années. Une indication vient du nombre important de langues parlées par les divers peuples et le grand éventail de coutumes qu'ils ont développées.

Des centaines de langues différentes sont parlées en Amazonie. Certaines ne sont connues que d'une poignée de personnes, comme les Nahuas, qui ont été réduits à seulement quelques individus depuis leur premier contact avec l'homme blanc en 1984. Certains indigènes parlent plusieurs langues.

Le type de maisons qu'ils occupent, les objets qu'ils fabriquent et utilisent ainsi que leur manière de s'habiller expriment aussi leur identité de peuple amérindien. La multiplicité et la richesse des cultures amazoniennes démontrent la capacité d'adaptation des

◄ *Les différences dans le costume traditionnel et la décoration corporelle indiquent le rôle des indigènes au sein d'un même groupe et distinguent un groupe d'un autre.*

▲ *Un village entier utilise cette habitation de type mehinaku. D'autres Amérindiens vivent dans des maisons familiales.*

peuples amérindiens à leur environnement forestier. Certains, comme les Quechuas, habitent des maisons familiales, tandis que d'autres, comme les Mehinakus de la région de Xingu, bâtissent d'immenses maisons communautaires dont l'intérieur est frais et sombre.

Des peintures corporelles et faciales différencient les peuples et déterminent l'âge, le sexe et le statut de l'individu, surtout lors de cérémonies. Le type d'organisation des groupes et leurs croyances relatives aux plantes et aux animaux varient également.

Des croyances communes

La plupart des peuples de la forêt se considèrent comme distincts de leurs voisins. Cependant, tous partagent d'importantes croyances sur eux-mêmes et sur leur milieu. Ces croyances les unissent et les rendent différents des Occidentaux à divers niveaux. L'idée la plus importante, au centre de leur vie, est qu'ils partagent leur milieu avec les plantes et les animaux qu'il renferme. Ils essaient avec peine de le protéger parce qu'ils en dépendent pour presque tout et estiment n'avoir pas le droit de le détruire. En fait, selon la croyance

◀ *Chaman yanomani mâchant des feuilles de tabac.*

Le chaman

Au sein de chaque groupe ou village, les indigènes travaillent en équipe. Chacun est libre de faire des suggestions sur les éléments qui affecteront la communauté. Personne n'est considéré comme moins important et tous sont impliqués dans la recherche de nourriture, la surveillance des enfants et l'apprentissage des chansons et des histoires.

La seule personne de la communauté ayant une activité spéciale est le chaman, lien entre le groupe et le monde des esprits. Les Amérindiens croient que si les gens sont cupides ou irrespectueux, cela mettra les esprits en colère. Pour se venger, ceux-ci rendront les gens malades ou leur amèneront la malchance. Le chaman doit ramener l'harmonie en contactant les esprits et en les apaisant.

fondamentale, chaque individu partage une relation spéciale avec les créatures de la forêt et des cours d'eau. Cette relation forme sa personnalité et influence ses actes.

Pour les Amérindiens, tout élément du monde naturel qui les entoure peut incarner un esprit. Les Amérindiens peuvent communiquer avec ces esprits en rêvant ou en fumant du tabac ou d'autres plantes. Ils peuvent avoir accès à des informations importantes, comme le pourquoi d'une maladie ou le nombre d'animaux qu'ils chasseront en un jour. Les indigènes pensent qu'on ne peut enlever quelque chose à la nature sans la dédommager. Ainsi, chasser trop d'animaux mettra les esprits du gibier en colère car l'équilibre entre animaux et hommes sera rompu. Cette colère provoquera la maladie du chasseur et de sa famille.

De nombreux groupes croient que certains de leurs ancêtres furent transformés en animaux familiers, en rochers ou en étoiles lorsque la terre était encore jeune. Les mythes de cette époque leur rappellent qu'ils doivent respecter leur environnement parce que la forêt est emplie d'esprits qui, jadis, furent des hommes.

Les mythes et les messages

Les Matsigenkas vivent dans le Sud-Est du Pérou. Ils croient qu'à l'origine ils ont été façonnés à partir de morceaux de bois. Le tout-puissant esprit créateur Makineri coupa de jeunes arbres vigoureux dans le sens de la longueur et leur donna la vie en chantant et en soufflant sur eux.

Dans un de leurs mythes les plus répandus, les Matsigenkas disent qu'il y a longtemps la Lune est descendue du ciel sous la forme d'un bel homme, portant une couronne de plumes jaunes. À ce moment, ils n'avaient pas de nourriture réelle et ne mangeaient que de la boue. La Lune donna à une fille des tubercules de manioc cuites et d'autres plantes, dont le maïs et l'igname. Elle épousa la fille, et leurs quatre enfants devinrent d'importantes étoiles dans le ciel, dont le Soleil. La Lune retourna vivre dans le ciel, mais, auparavant, elle montra aux hommes comment cultiver les plants de manioc qu'elle avait amenés, et qu'elle appelait ses filles, et leur dit de bien en prendre soin. Les Matsigenkas croient que la Lune veille sur toutes ses filles et que les plants de manioc se plaignent à elle si l'homme ne les prépare pas correctement.

Pour les indigènes, le partage de la nourriture avec les autres est l'un de leurs actes les plus vitaux. Il serait grossier d'attraper un poisson et de le manger seul, même si votre ami en a pris un identique.

▲ *La Lune est un personnage important dans bon nombre de mythes amérindiens.*

◀ *Les Amérindiens travaillent ensemble pour de nombreuses activités. Cette viande de sanglier sera partagée entre plusieurs familles.*

Les familles amérindiennes ont de nombreuses activités communautaires: les femmes récoltent les produits des jardins, cuisinent, prennent soin des enfants, et les hommes chassent, pêchent, préparent de nouveaux jardins, bâtissent de nouvelles maisons et racontent les histoires traditionnelles. Pour les Amérindiens, l'idée de posséder une terre en l'achetant leur est étrangère.

L'argent de la terre

Les idées des Amérindiens sont totalement opposées à celles de nombreux colons et hommes d'affaires qui ont envahi leurs territoires. Les hommes d'affaires ne croient pas que la forêt soit vivante et accordent plus d'importance à la vente du bois et des minerais qu'à la croissance des arbres et à la protection des berges des cours d'eau.

De nombreux colons estiment que l'Amérindien est paresseux. Ils n'ont pas compris qu'il ne devait pas travailler en usine ou détruire la forêt pour vivre confortablement et sont souvent jaloux de sa liberté. Bon nombre des colons pauvres ont eux-mêmes été expulsés des terres qu'ils cultivaient autrefois par des hommes influents pour qui ils étaient aussi des paresseux. Les gens importants et les colons, envahissant la forêt, se sentent surtout supérieurs aux Amérindiens et à la nature. Leurs idées sont opposées à celles des Amérindiens.

«La forêt, le sol et le sous-sol sont des éléments sacrés pour notre peuple, mais, dans l'esprit des investisseurs et des promoteurs, ce ne sont que des ressources naturelles.»
(Ailton Krenak, chef amérindien)

Les récolteurs de latex

Ils sont environ 100 000 dans la forêt amazonienne brésilienne. La plupart des familles sont venues dans la région au début du siècle ou durant la Seconde Guerre mondiale. Les récolteurs de latex ont été encouragés par leurs patrons à travailler sur des terres qui appartenaient aux indigènes. Les conflits étaient fréquents. Néanmoins, eux aussi ont souffert de traitements horribles et des violations des droits de l'homme. Dans les années 70 et 80, bon nombre d'entre eux furent chassés de la forêt par les éleveurs et les compagnies d'abattage qui achetaient et détruisaient de vastes étendues de forêt. Les colons sont aussi venus d'autres régions brésiliennes. Stimulés par les efforts de chefs tels que Chico Mendes (qui fut assassiné en 1988), ils commencèrent à résister.

Comme les Amérindiens, ils se sont rendus compte qu'ils devaient s'associer pour défendre la forêt et leur mode de vie. Le résultat fut l'Alliance des peuples de la forêt, qui a suggéré divers emplois de la forêt respectant le mode de vie, la culture et les traditions de tous les peuples de la forêt.

6 Les contacts européens

Depuis l'arrivée des Européens sur leurs terres il y a 500 ans, les indigènes ont été victimes d'incompréhension. À la suite du débarquement de Colomb aux Antilles en 1492, l'Amérique du Sud fut divisée entre l'Espagne et le Portugal. Ce fait fut officialisé par la signature du traité de Tordesillas en 1494. Les Européens s'étaient arrogés le droit de régir cet immense «nouveau» monde.

Il n'existe aucune estimation du nombre d'Amérindiens habitant la forêt tropicale à l'époque où les Européens débarquèrent. Personne n'aurait pu imaginer la superficie de l'Amazonie. Des études récentes suggèrent que 15 millions d'indigènes auraient pu occuper la région à l'arrivée des Européens. Des archéologues ont découvert que des peuplements de plusieurs milliers de personnes chacun fleurissaient jadis à l'embouchure de l'Amazone et sur le début de son parcours.

Les premiers Européens connus à avoir parcouru le fleuve (menés par le capitaine espagnol Francisco de Orellana en 1542) ont décrit de très grands villages s'étalant le long

▲ *L'aéroport moderne de Rio de Janeiro. Les Portugais furent les premiers à débarquer à cet endroit en 1502.*

▲ *Lorsque les Européens atteignirent l'Amérique du Sud, la forêt tropicale était encore intacte. Aujourd'hui, elle est détruite, entre autres, par l'élevage, les exploitations minières et la construction de routes et de barrages.*

des rives sur des centaines de kilomètres. Inspiré par les légendes d'El Dorado – le chef légendaire qui avait la réputation de couvrir chaque jour son corps de poussière d'or –, Orellana s'était mis à la recherche d'or. Comme la plupart des nouveaux arrivants, il était obsédé par des rêves de richesse foudroyante.

De tels rêves motivaient l'amiral portugais Cabral lorsqu'il arriva en vue des côtes brésiliennes en 1500. Comme Colomb avant lui, il avait quitté l'Europe à la recherche de la route des Indes, espérant rentrer les cales chargées d'épices et de soieries précieuses. Après le débarquement de Cabral, le premier contact soutenu avec des Amérindiens fut réalisé par des Portugais le long du littoral brésilien. Bon nombre d'indigènes vivaient dans cette région forestière. Les marins ne pouvaient en croire leurs yeux.

À cette époque, le Portugal médiéval était un pays où régnaient les inégalités. La majeure partie de sa population était très pauvre et les maladies étaient répandues. L'Église catholique, très puissante, influençait les actes et les pensées des gens partout dans le monde. Les Portugais furent ébahis en voyant le mode de vie amérindien. L'un d'eux écrivit dans une lettre adressée au roi du Portugal:

«Leurs corps sont propres, bien nourris et beaux à un point proche de la perfection.»

Un autre écrivit:

«Dans chaque maison, ils vivent ensemble en harmonie... Ils sont si amicaux que ce qui appartient à l'un appartient à tous.»

Ils étaient étonnés de voir des gens en si bonne santé, vivant si vieux et qui n'étaient pas gênés de porter si peu de vêtements. Les rapports qui commencèrent à atteindre l'Europe au XVIe siècle exaltèrent l'imagination des lecteurs. Des lois interdisant l'impression et la vente de livres sur l'Amérique du Sud sans une autorisation spéciale furent promulguées. Les rapports décrivaient une vie bien plus attrayante qu'en Europe. Craignant une révolution, les personnes riches et influentes voulurent garder ces informations pour elles.

Selon leurs croyances, les Portugais avaient découvert un monde qu'il était nécessaire de civiliser. Les Amérindiens ne présentant

◄ *Lorsque les Portugais découvrirent le Brésil, ils furent surpris de voir la bonne santé des Amérindiens. L'un d'eux écrivit que leurs corps étaient propres et... beaux à un point proche de la perfection.*

▲ *Les coutumes amérindiennes, telles que la peinture faciale, étaient si différentes des coutumes portugaises que les Portugais considérèrent les indigènes comme des sauvages.*

Comment l'Amazone fut baptisé

Peu après l'arrivée des Européens en Amérique du Sud, au XVIe siècle, naquit l'histoire d'une tribu féroce de femmes guerrières vivant dans la forêt. Elles reçurent le nom d'Amazones, nom donné par les anciens Grecs à des femmes guerrières légendaires vivant en Asie.

Lorsque Francisco de Orellana remonta le fleuve, un de ses hommes affirma avoir été attaqué par des femmes à la peau blanche, armées d'arcs et de flèches. Cette histoire et d'autres similaires furent à l'origine du nom du fleuve: l'Amazone. Nulle preuve de l'existence de ces femmes guerrières n'a jamais été trouvée et, aujourd'hui, il n'existe sûrement aucune guerrière féroce dans la forêt.

aucun signe de chrétienté, les Portugais décidèrent qu'ils étaient des animaux. Dès le départ, les peuples de la forêt furent incompris.

Les Portugais et les Espagnols étaient venus conquérir l'Amérique du Sud. Leurs rois voulaient de l'argent pour payer les guerres coûteuses et étendre leurs empires. Le premier produit, ramené dans des proportions énormes par les Portugais, fut un bois tropical ayant une jolie teinte rouge. Ce bois fut appelé bois de brésil, d'après le mot latin pour «rouge-orange». Ce nom a servi par la suite pour désigner l'ensemble du pays.

Les sentiments de respect ou d'admiration pour les Amérindiens furent vite remplacés par l'agression et la cupidité. En 50 ans, 90 % des indigènes disparurent. Les maladies européennes furent les principales meurtrières: des épidémies de grippe, de rougeole, de variole, de dysenterie et de malaria ravagèrent la forêt, exterminant des peuples entiers. De plus, des milliers d'indigènes furent asservis et succombèrent aux traitements cruels.

Les forêts de bois de brésil s'épuisant, des plantations de canne à sucre virent le jour. Les Amérindiens durent travailler dans des conditions épouvantables. Vu la mortalité importante, des esclaves africains furent amenés pour couper les cannes et travailler dans les raffineries. La plupart des esclaves furent achetés avec le tabac qui devint l'un des principaux produits d'exportation du Brésil.

Les Amérindiens étaient constamment pourchassés. Les survivants s'éparpillèrent dans la forêt. Durant les trois siècles suivants, les Français, les Hollandais, les Anglais et les Allemands arrivèrent sur le continent. L'Amazonie continua à être dépouillée de ses ressources : huile de tortue et viande salée ;

◀ *Les ancêtres de cet homme, qui transporte un sac sur la tête, furent amenés d'Afrique il y a environ 400 ans pour travailler en tant qu'esclaves dans les plantations du Brésil.*

◀ *Ces Amérindiens waoranis de l'Équateur portent des vêtements donnés par les missionnaires. En plus de perdre leurs terres, les Amérindiens durent faire face à d'autres menaces. Les missionnaires eurent une influence des plus négatives. Au XVIe siècle, les missionnaires jésuites rassemblèrent des milliers d'Amérindiens au Brésil. Ils croyaient qu'ils pourraient améliorer leur vie et les protéger de l'exploitation, mais, en réalité, les Jésuites eux-mêmes exploitèrent les Amérindiens. De nos jours, de nombreuses sectes missionnaires chrétiennes sont encore actives dans la région amazonienne.*

plantes médicinales comme le curare, l'ipéca, la quinine, la salsepareille et l'huile de copahu; arômes comme le cacao et la vanille, et bois tels que le palissandre et l'acajou.

De vastes étendues de terres amérindiennes furent utilisées pour les plantations (sucre, coton, tabac et café), pour l'élevage de bétail, l'abattage et l'exploitation minière. Les missionnaires se répandirent dans la forêt afin de convertir les Amérindiens au christianisme. En plus de briser des communautés entières, ils amenèrent des maladies qui tuèrent des centaines de milliers d'habitants.

Bien que l'esclavage ait été officiellement aboli vers 1880 et que les différents pays parcourus par l'Amazone aient acquis leur indépendance vers cette époque, les conditions de vie des Amérindiens ne s'améliorèrent pas.

Le développement des industries et la naissance du pneu en Europe, en 1885, eurent un effet catastrophique. Dans la région occidentale de l'Amazone, la demande soudaine de caoutchouc provoqua l'invasion de la forêt par des milliers de pauvres voulant récolter du latex. Dans la région de Putumayao, au Pérou, et en Colombie, 40 000 Amérindiens furent tués entre 1886 et 1919.

Bien qu'en 1910, le gouvernement brésilien ait créé l'Agence de protection des Indiens (API) dans le but apparent de défendre les terres et le mode de vie des Amérindiens, cet organisme fut vite corrompu. De plus en plus de colons furent autorisés à chercher des minerais, du bois et des pâturages dans la forêt, et l'API vendit de vastes zones aux spéculateurs d'autres régions du Brésil, des États-Unis et d'Europe. Des expéditions armées massacrèrent des Amérindiens pour voler leurs terres. Dans certains cas, on distribua aux indigènes nourriture et vêtements contaminés et, dans d'autres, on les bombarda. Des individus – comme les frères Villas Boas, des Brésiliens qui établirent le Parc national Xingu en 1961 – tentèrent d'intervenir, mais les actions du gouvernement les obligèrent à abandonner leur démarche.

En 1968, l'API fut remplacée par la FUNAI au Brésil. Malheureusement, même si son nouveau président voit les Amérindiens d'un bon œil, la FUNAI, principalement gérée par des militaires, n'a pas soutenu les revendications territoriales des indigènes. Au contraire, à l'instar des agences gouvernementales de nombreux autres pays amazoniens, elle a tenté d'intégrer de force les Amérindiens dans la société blanche. Cela signifiait la perte de leurs terres, de leurs traditions voire souvent de leur vie. Néanmoins, les Amérindiens réclament aujourd'hui le droit à contrôler leur propre destinée.

▲ *Dans de nombreux pays amazoniens, les militaires ont utilisé la force pour prendre les terres des Amérindiens.*

7 La réponse des indigènes

«La richesse des Indiens naît de leurs coutumes, des traditions communautaires et de la terre qui est sacrée. Leurs demandes devraient être entendues... Aujourd'hui, les Indiens veulent le pouvoir politique.» (Mario Juruna, leader amérindien, 1985)

Les gens qui ne vivent pas dans la forêt disent que les indigènes devaient être «civilisés» et la forêt «mise en valeur», et que, pour cela, leurs souffrances étaient inévitables. Pourtant, les Amérindiens ne voient pas leur passé ou leur avenir de cette manière. Ils savent que tout individu sur terre a des droits, dont celui de posséder ses propres croyances et de ne pas être opprimé par d'autres. Les groupes et individus amérindiens se sont battus durant cinq siècles pour faire entendre leur voix mais, récemment, ils ont connu davantage de réussite. Au cours de ces dix ou quinze dernières années, bon nombre d'Amérindiens se sont organisés pour défendre leurs droits.

Le premier peuple de la forêt ayant formé une organisation est celui des Shuars de l'Équateur. En 1964, ils formèrent une association représentant les vingt mille membres

▲ *Les hommes de cette communauté kayapo se sont rassemblés pour discuter des actions à entreprendre.*

▲ *Mario Poyanawa (assis) et sa famille. Mario est le représentant de l'Union des nations indiennes pour la vallée du Juruá, au Brésil.*

du peuple shuar. Malgré le harcèlement constant des colons, ils ont obtenu de bons résultats : reconnaissance légale des terres communautaires, système d'école radiophonique et transports aériens. Les Amérindiens se sentant peu à peu moins écrasés, de nombreuses organisations indigènes ont vu le jour dans les années 70, notamment au Pérou, où 100 000 Amérindiens vivent actuellement. Les peuples représentés comprennent les Amueshas, les Ashaninkas, les Shipibos et les Aguarunas-Huambisas.

Devant la création de tant d'organisations, le Conseil indien d'Amérique du Sud (CISA) fut instauré en 1980 au Pérou. En 1984, le COICA, l'organe de coordination entre les organisations du bassin de l'Amazone, vit le jour. Aujourd'hui, le COICA représente les organisations du Pérou, de la Bolivie, de l'Équateur, de la Colombie et du Brésil. Chacun de ces pays comporte une organisation nationale représentant l'ensemble ou une partie des groupes locaux d'Amérindiens. Ainsi, même une petite communauté indigène peut se faire entendre.

Du bureau du COICA de Lima, la capitale péruvienne, les problèmes et opinions des Amérindiens peuvent être facilement communiqués partout dans le monde. Des représentants peuvent se rendre dans les réunions nationales et internationales pour permettre aux Amérindiens d'être entendus et d'obtenir un soutien. Le but essentiel des Amérindiens est la reconnaissance officielle de leurs terres et l'arrêt de l'invasion de celles-ci. Ils savent qu'avoir le contrôle de la terre est le seul moyen de pouvoir choisir leur mode de vie et d'obtenir la survie de leurs traditions. Ils veulent se représenter eux-mêmes dans les discussions concernant l'avenir de leur habitat forestier. C'est le droit à l'autodétermination.

Jusque il y a peu, les Amérindiens du Brésil étaient considérés par la loi comme étant d'âge mineur. Donc, pour le gouvernement, ils n'étaient que des enfants et ne pouvaient ni voter ni prendre de décisions. Depuis 1988, néanmoins, ils sont citoyens à part entière et la nouvelle constitution leur garantit la possession des terres sur lesquelles ils ont toujours vécu. En 1983, Mario Juruna devint le premier Amérindien à être élu au Congrès brésilien. Il y resta jusqu'en 1986. De nos jours, Jorge Terena, membre de la nation terena, est conseiller spécial pour les affaires indigènes auprès du ministre brésilien de l'Environnement.

Un autre défenseur des droits amérindiens appartient au peuple krenak: Ailton Krenak, le coordinateur national de l'Union brésilienne des nations indiennes (UNI). Il a travaillé avec Chico Mendes, le fameux chef des récolteurs de latex, afin de promouvoir l'idée d'une alliance entre ces derniers et les Amérindiens. Aujourd'hui, cette alliance unit près de 100 000 récolteurs et autres colons à la plupart des Amérindiens du Brésil. Ailton est aussi membre du nouveau Conseil national de l'environnement et peut voter sur chaque sujet concernant l'environnement au Brésil.

Les Amérindiens, individus ou groupes, ont été actifs de nombreuses façons. Ils expliquent que leur mode de vie traditionnel préserve la forêt amazonienne parce qu'ils protègent les arbres. Le président colombien a récemment reconnu publiquement ce fait. En octobre 1989, il annonça que 18 millions d'hectares de forêt (la moitié de la forêt amazonienne colombienne) avaient été restitués aux 70 000 Amérindiens qui y habitent. Actuellement, des communautés reçoivent une aide destinée à créer leurs propres programmes de santé et d'éducation. Néanmoins, le gouvernement n'admet pas que les ressources du sous-sol, comme les minerais ou le pétrole, leur appartiennent.

Les Amérindiens essaient de transmettre un message simple: la majeure partie de la forêt leur appartient de droit et, si on leur permet d'y vivre, ils veilleront à la protéger à tout jamais.

▲ *Ailton Krenak, un des défenseurs amérindiens les plus connus, lors d'une visite en Grande-Bretagne.*

8 Altamira

En février 1989, l'attention du monde se porta sur la petite ville d'Altamira, dans l'Amazonie brésilienne. Les Kayapos y avaient regroupé des Amérindiens et la presse mondiale pour protester contre les projets de construction de deux énormes barrages. Les extraits suivants racontent leur lutte :

«En 1988, un groupe d'Indiens kayapos lança une extraordinaire campagne pour empêcher la construction des barrages de Babaquara et de Kararao qui menaçaient leur territoire d'Altamira, sur le rio Xingu. Leurs chefs se rendirent au siège de la Banque mondiale pour demander la suppression d'un prêt de 500 millions de dollars. [...] Ils rencontrèrent des sénateurs américains, sillonnèrent les capitales européennes, discutèrent avec des parlementaires et expliquèrent leurs craintes aux défenseurs de l'environnement et des droits de l'homme. En février 1989, sur le site du projet de barrage, les Indiens réunirent une assemblée internationale. Le sort du barrage d'Altamira était devenu un sujet d'actualité internationale.» (*The Gaia Atlas of First Peoples, 1990*)

«Plus de 500 Indiens sont arrivés en rangs serrés, chantant des airs de guerre. Ils se sont assis sur le sol mais se sont souvent relevés pour exécuter des danses guerrières. Les Indiens disent que le barrage noiera la forêt et bouleversera leur vie.
... les Indiens ont accusé le directeur des projets au sein du bureau de l'énergie de l'État, M. Antonio Nuniz Nobes, de «mentir». M. Nobes, semblant effrayé, a expliqué que le barrage de Kararao, à Altamira, n'en était encore qu'au stade de projet et que des études du milieu seraient réalisées.» (*The Guardian*, 22 février 1989)

«Les centaines d'Indiens [lors de la réunion] représentaient les quatorze communautés de Kayapos, les six autres groupes indiens du bassin du Xingu, plus de quarante autres

▲ *Paulinho Paiakan, l'un des organisateurs du rassemblement d'Altamira, devant le parlement britannique.*

▲ *Amérindiens arrivant à Altamira pour protester contre les projets de construction de barrages sur leurs terres.*

nations indiennes du Brésil, ainsi que des groupes venant du Canada et des États-Unis. Des messages de soutien furent envoyés, entre autres, par les peuples des forêts de Malaisie...

Des cartes officielles du gouvernement reprenaient des projets de six énormes barrages dans le bassin du Xingu, mais, [...] les discussions préalables avaient ramené ces chiffres à deux : Kararao devant [...] inonder 768 km^2, dont des zones des territoires jurunas et xikrin-kayapos et une partie de la ville d'Altamira, et Babaquara, [...] qui devait immerger une région de 2 840 km^2 comprenant des zones des territoires des Araras, des Asurinis, des Parakanas, des Arawetes et des Kararaos-Kayapos.

Quel fut le résultat [du rassemblement] ? D'abord (et cela semble irréversible), la Cour fédérale d'appel a rejeté les accusations portées contre Paiakan, Kube'i et Posey, considérées « ridicules ». En second lieu (et cela n'est peut-être pas irréversible), le gouvernement a annoncé qu'il abandonnerait le projet du barrage de Babaquara et ne poursuivrait que le projet de Monte Belo (nouveau nom du barrage de Kararao).

Peu après, la Banque mondiale a demandé la restitution des fonds prêtés pour les barrages amazoniens. » (*Survival International,* 1989)

9 La marche vers l'avenir

Bien que de nombreux problèmes subsistent, les Amérindiens prennent l'initiative de les résoudre. Partout dans la forêt, ils ont établi des organisations tentant d'assurer que le droit sur leurs terres soit reconnu et de déterminer eux-mêmes leur avenir. Pour cela, ils avancent d'importantes idées quant à la protection de la forêt et à la réparation de certains dommages commis envers la forêt et leurs traditions.

Une stratégie pour la forêt

Au Brésil, l'Alliance des peuples de la forêt a développé une stratégie de protection de la forêt amazonienne qu'elle aimerait faire adopter par le gouvernement. Les points principaux sont les suivants :

- Aucune destruction supplémentaire de la forêt tropicale, quelle qu'en soit la raison.
- Arrêt de tout nouveau grand projet (par exemple, routes, barrages, transferts de population, exploitation minière, exploration et développement industriel) et recherche de solutions de remplacement.
- Tout doit être mis en œuvre pour protéger la forêt et pour faire repousser ou régénérer les parties détruites. (Pour l'Alliance, cette opération doit se faire avec l'aide et l'expérience des habitants de la forêt, alliées aux sciences et technologies occidentales.)
- Les habitants des forêts devraient pouvoir faire partie du gouvernement.
- Des moyens devraient être découverts afin d'aider les colons vivant déjà dans la forêt à le faire sans la détruire davantage.

L'Alliance a suggéré des méthodes afin de vérifier que ces points soient respectés. Tou-

▲ *Près de 10 % de la forêt amazonienne ont déjà été détruits, notamment en raison d'incendies et de l'abattage.*

tes les régions indigènes devraient rapidement être délimitées et les terres des récolteurs de latex et des caboclos devraient être reconnues. Les colons devraient apprendre des peuples de la forêt à l'utiliser et recevoir des titres de propriété collective pour leurs terres. Le gouvernement devrait s'assurer que plus personne ne s'installe dans la forêt.

L'Alliance aimerait également un soutien pour coordonner la protection et la gestion de l'immense région amazonienne du Brésil.

Dans l'Amazonie toute entière, des groupes d'Amérindiens ont établi et géré divers projets et programmes. Le Centre indigène de recherche fut fondé en 1989 près de Goiania, au centre du Brésil. Il forme une base où les connaissances et les traditions en matière d'environnement des Amérindiens peuvent

◀ *Ces Poyanawas et ces caboclos travaillent sur des terres qu'ils partagent. La coopération entre les Amérindiens et les autres peuples assurera la survie de la forêt tropicale.*

être étudiées et mises ensuite en pratique de diverses manières. En 1991, onze étudiants des nations xavante, kaingang, ticuna, surui, krenak, yanomani, terena et pankaruru ont étudié au centre. Ils ont appris diverses méthodes de gestion traditionnelle de la forêt et cherché des moyens pratiques d'aider les arbres à repousser dans les régions où ils ont été détruits. Ils ont aussi observé les possibilités de développement des produits commercialisables. Ces activités comprennent des pépinières de plantes de la forêt, des piscicultures et des élevages d'animaux sauvages pouvant être relâchés ultérieurement dans la nature. Les étudiants ont aussi étudié la biologie à l'Université de Goias et le droit au nouveau centre des droits des indigènes de Brasília.

Des projets-pilotes ont été conçus par les Xavantes et les Suruis, et d'autres sont mis au point par les Ticunas, les Yanomanis et les Krenaks. Ils veulent servir de modèles aux au-

Une Déclaration des droits des indigènes

Evaristo Nugkuag est l'un des nouveaux champions de l'Amazone. En tant que président du COICA, il représente près d'un million d'Amérindiens et fait campagne en leur nom en Europe et aux États-Unis.

L'une des tâches les plus importantes du COICA consiste à tenter de persuader les Nations unies de reconnaître les droits spéciaux des peuples de la forêt dans l'Amazonie. Le COICA veut que l'ONU proclame une Déclaration des droits des indigènes. Cela serait un stimulant moral pour les gouvernements, les poussant à reconnaître les droits aux terres traditionnelles et à l'autodétermination de leur avenir.

▼ *Des leaders amérindiens lors d'une réunion portant sur les menaces envers leurs terres.*

◄ *Severia Xavante présente des fruits déshydratés produits par le Centre indigène de recherche au Brésil.*

tres communautés, leur montrer des méthodes leur permettant de devenir économiquement indépendantes tout en maintenant leurs relations traditionnelles avec leur milieu.

Le Centre indigène de recherche a d'importantes implications pour les colons de la forêt. Ce centre a déjà permis à l'une des communautés de l'État de Pará d'apprendre à cultiver le sol de la forêt sans y ajouter d'engrais chimiques et à devenir autosuffisante.

Le projet HIFCO, près de Pucallpa au Pérou, fonctionne selon des principes identiques. Il aide des communautés à établir des jardins traditionnels et organise des ateliers pour favoriser l'échange des méthodes.

La plupart des Amérindiens n'ont jamais eu l'opportunité de recevoir un traitement médical pour les maladies qu'ils ne peuvent guérir eux-mêmes, ni de tirer un quelconque profit de l'éducation occidentale. Au Brésil, l'Alliance des peuples de la forêt a travaillé à la création de programmes éducatifs qui soient appropriés aux besoins des Amérindiens et renforcent les connaissances et les traditions tout en expliquant les caractéristiques utiles de la culture occidentale. À São

Paulo, l'Alliance des peuples de la forêt tente d'enseigner les modes de vie de la forêt aux jeunes des villes.

Les Amérindiens découvrent aujourd'hui des remèdes occidentaux qu'ils intègrent à leurs pratiques traditionnelles. Le projet AMETRA, au Pérou, s'est révélé particulièrement performant et a désormais le soutien du gouvernement. Lancé par un chaman shipibo, ce projet donne à des personnes une formation médicale et dirige des ateliers, tout en combinant des soins de santé traditionnels et occidentaux. Les groupes amérindiens de la région, dont les Ese Ejas et les Wachipaeris, ainsi que des communautés non amérindiennes, tirent désormais avantage d'un niveau de soins de santé acceptable. Un programme pour les femmes a également été lancé.

En élevant des tapirs, en réalisant des programmes radiophoniques, en améliorant leur santé ou en vendant les fruits de la forêt, les Amérindiens renforcent leur confiance et leur identité culturelle. Ils essaient d'amener les groupes de protection de la nature à comprendre leur message et à coopérer avec eux. Lors d'une réunion au sommet avec ces derniers en 1990, au Pérou, le COICA a expliqué sa tactique de protection. Selon lui, la meilleure défense de l'Amazonie est la protection des terres des peuples de la forêt. Les défenseurs de la nature ont dit qu'ils s'allieraient aux Amérindiens pour protéger la forêt et ont signé la Déclaration d'Iquitos qui reconnaît leurs droits territoriaux et leur rôle en tant que gardiens de la forêt. Pourtant, bien des groupes de protection de la nature préfèrent toujours

▲ *Les Amueshas du Pérou furent l'un des premiers peuples amérindiens à avoir formé une organisation pour défendre leurs droits.*

◀ *Les soins qu'apportent les Amérindiens à des terres telles que celles-ci, dans la région péruvienne de l'Amazonie, assureront la survie de la forêt tropicale et de ses habitants.*

créer des parcs nationaux et obtenir des «trocs». Le fameux président du COICA, Evaristo Nugkuag, un Aguaruna, déclara:

> *«Nous devons nous unir pour défendre l'Amazonie ou nous la perdrons.»*

C'est le message qui nous unit aux Amérindiens de la forêt tropicale. Comme Ailton Krenak l'a déclaré:

> *«Nous vivons ici depuis très longtemps, une époque où le monde n'avait pas encore cette forme. Nous avons appris des anciens que nous ne sommes que de minuscules éléments d'un immense univers, tout comme les animaux, les plantes et les cours d'eau. Nous faisons partie d'un tout, et ne pouvons négliger ni détruire notre environnement. Aujourd'hui, nous voulons parler à ceux qui ne réussissent pas encore à considérer le monde de cette manière, leur dire qu'ensemble nous devons prendre soin du bateau sur lequel nous naviguons.»*

Glossaire

Amérindiens Nom donné aux premiers habitants de l'Amérique du Nord et du Sud et à leurs descendants.
Autodétermination Capacité d'un individu ou d'un peuple à décider lui-même de ce que sera sa vie.
Caboclo Descendant d'un mariage entre un Amérindien et un colon.
Colon Nom donné à une personne s'installant dans une région qui semble inoccupée (afin d'établir une nouvelle communauté).
École radiophonique Dans ce type d'enseignement, les étudiants écoutent chez eux leur professeur à l'aide de la radio. Cela permet à des jeunes vivant dans des endroits retirés de suivre des cours.
Épidémie Maladie qui se répand rapidement sur une grande superficie.
Exploitation Fait de tirer un profit d'une personne ou d'une chose; tirer injustement avantage d'autres personnes.
Garimpeiro Nom donné au mineur ou prospecteur.
Génocide Massacre délibéré d'un groupe entier de personnes, comme une nation.
Hydroélectricité Énergie électrique obtenue par conversion de l'énergie hydraulique des rivières et des chutes d'eau. Souvent, cela implique la construction de barrages et l'inondation de vastes étendues de terres.
Indigène Qui appartient à un endroit particulier de par son origine ou sa nature.
Intégration Fait de se mélanger à d'autres peuples. Pour les Amérindiens, cela a souvent signifié l'abandon de leurs croyances et de leur mode de vie.
Manioc Racine comestible ressemblant à une pomme de terre allongée. C'est l'un des aliments de base des peuples amazoniens.
Mineur d'âge Nom donné à une personne qui, selon la loi, n'est pas responsable de ses actes.
Missionnaires Membres d'une congrégation religieuse voyageant dans d'autres régions du monde afin de tenter de persuader des personnes ayant déjà leurs propres croyances d'y renoncer et d'embrasser la foi de ces missionnaires.
Multinationale Grande compagnie possédant des filiales ou des bureaux dans plusieurs pays.
Prospecteurs Personnes qui cherchent des métaux précieux dans le sol. Dans la forêt tropicale, cela implique souvent des exploitations minières ou la destruction des berges des cours d'eau.
Régénération Acte de reprendre son état d'origine.
Réserve Zone de terres où vivent – de plein gré ou non – les communautés autochtones. Parfois une réserve fait partie du territoire traditionnel d'un peuple concerné.
Ressource Matière pouvant servir à fabriquer d'autres choses. Cette catégorie pourrait impliquer le bois, pour la construction, et l'or servant à fabriquer des bijoux précieux.
Savane Prairie ouverte des régions tropicales ou subtropicales contenant quelques arbres et buissons.
Titre Document légal par lequel une personne possède quelque chose, comme une terre, et est seule à décider de son usage.
Troc De nombreux pays sud-américains doivent beaucoup d'argent aux pays riches et aux organisations telles que la Banque mondiale. Certaines banques pourraient accepter d'annuler une partie des dettes avec ces pays en contrepartie de leur promesse de protéger une région particulière (habituellement de forêt tropicale).

Pour de plus amples informations

Voici quelques adresses de groupes de soutien pour les peuples indigènes de la forêt tropicale :

KWIA (Groupe de soutien aux peuples indigènes du Pérou)
31/33, Breughelstraat
2018 Anvers
Belgique
Tél. 32 3 218 84 88

Survivance
14, avenue du Houx
1170 Bruxelles
Belgique
Tél. 32 2 673 05 45

Nitassinan
BP 317
75229 Paris Cedex 05
France
Tél. 33 1 42 09 97 12

Tribal Act
BP 373
75869 Paris Cedex 18
France
Tél. 33 1 40 08 04 06

Native Forest Network Resource Center
PO Box 57
Burlington, VT 05402
États-Unis
Tél. 00 1 802 863 0571

Survival International
2121 Decatur Place NW
Washington DC 20008
États-Unis

Index